LIBERTAD PARA TODOS

Aplicación Práctica de la Biblia

NEVILLE

Traducción de
Marcela Allen Herrera

WISDOM COLLECTION
PUBLISHING HOUSE

Wisdom Collection LLC
McKinney, Texas/75070
www.wisdomcollection.com

Libertad para Todos – Edición Revisada
ISBN: 978-1-63934-052-1

La versión original de este libro fue publicada
en el año 1942 por el gran místico americano,
Neville Goddard.

Para otros títulos y obras del Nuevo Pensamiento,
visita nuestro sitio web

www.**wisdom**collection.com

CONTENIDOS

PRÓLOGO

La opinión pública no admitirá por mucho tiempo una teoría que no funciona en la práctica. Hoy, probablemente más que nunca, las personas exigen pruebas de la verdad, incluso de su ideal más elevado. Para obtener la máxima satisfacción, el individuo debe encontrar un principio que sea para él una forma de vida, un principio que pueda experimentar como verdadero.

Creo que he descubierto ese principio en la más grande de las escrituras sagradas, la Biblia. Obtenido de mi propia iluminación mística, este libro revela la verdad oculta en las historias del antiguo y del nuevo testamento.

Brevemente, el libro afirma que la conciencia es la única realidad, que la conciencia es la causa y la manifestación es el efecto. Llama la atención del lector sobre este hecho constantemente, para que el lector pueda mantener siempre lo primordial.

Habiendo establecido las bases de que un cambio de conciencia es esencial para provocar cualquier cambio de expresión, este libro explica al lector una docena de maneras diferentes de provocar dicho cambio de conciencia.

Este es un principio realista y constructivo que funciona. Si se aplica la revelación que contiene, te hará libre.

Neville

CAPÍTULO 1

LA UNIDAD DE DIOS

Escucha, oh Israel:
el Señor nuestro Dios es un solo Señor.
Escucha, oh Israel:
Escucha, oh, hombre hecho de la misma sustancia
de Dios:
¡Tú y Dios son uno e indivisible!
El ser humano, el mundo y todo lo que hay en él
son estados condicionados del único
incondicionado, Dios.
Tú eres este único;
Tú eres Dios condicionado como humano.
Todo lo que crees que es Dios, lo eres tú;
Pero tú nunca sabrás que esto es verdad
mientras no dejes de declararlo como si fuera otro,
Y reconozcas que ese aparente otro, eres tú mismo.
Dios y el ser humano,
espíritu y materia,
lo sin forma y lo formado,
el creador y la creación,
la causa y el efecto,
tu Padre y tú son Uno.

Este uno, en quien todos los estados condicionados
viven y se mueven y tienen su ser,
es tu Yo Soy.
Tu conciencia incondicionada.

La conciencia incondicionada es Dios, la única
realidad. Por conciencia incondicionada me refiero a un
sentido de conciencia; un sentido de saber que Soy,
diferente de saber quién soy; la conciencia de ser,
separada de aquello de lo que soy consciente de ser.

Yo Soy consciente de ser un hombre, pero no necesito
ser un hombre para ser consciente de ser. Antes de
hacerme consciente de ser alguien, Yo, la conciencia
incondicionada, era consciente de ser, y esta conciencia
no depende de ser alguien. Yo Soy autoexistente,
conciencia incondicionada; me hice consciente de ser
alguien, y me haré consciente de ser otro distinto de quien
ahora soy consciente de ser; pero Yo Soy eternamente
consciente de ser, tanto si soy incondicionado sin forma
como si soy forma condicionada.

Como estado condicionado, Yo (el hombre), podría
olvidar quién soy, o dónde estoy, pero no puedo olvidar
que Soy. Este saber que Yo Soy, esta conciencia de ser, es
la única realidad.

Esta conciencia incondicionada, el Yo Soy, es esa
realidad conocedora en la que todos los estados
condicionados —conceptos de mí mismo— comienzan y
terminan, pero que siempre permanece como el
conocedor desconocido cuando todo lo conocido deja de
ser.

Todo lo que he creído ser, todo lo que ahora creo ser y todo lo que creeré que seré, no son más que intentos de conocerme a mí mismo, la desconocida e indefinida realidad.

Este conocedor desconocido, o conciencia incondicionada, es mi verdadero ser, la única realidad. Yo Soy la realidad incondicionada, condicionada como aquello que creo ser. Yo Soy el creyente limitado por mis creencias, el conocedor definido por lo conocido. El mundo es mi conciencia condicionada, materializada.

Lo que siento y creo que es verdad de mí mismo está ahora proyectado en el espacio como mi mundo. El mundo —mi yo reflejado— siempre da testimonio del estado de conciencia en el que vivo.

No hay casualidad o accidente responsable de las cosas que me suceden o del entorno en el que me encuentro. Tampoco es el destino predestinado el autor de mis fortunas o desgracias. La inocencia y la culpa son simples palabras que no significan nada para la ley de la conciencia, excepto en la medida en que reflejan el estado de conciencia mismo.

La conciencia de culpa llama a la condenación. La conciencia de carencia produce pobreza. El individuo eternamente materializa el estado de conciencia en el que permanece, sin embargo, de alguna manera se ha confundido en la interpretación de la ley de causa y efecto. Ha olvidado que el estado interno es la causa de la manifestación externa, «como es adentro, así es afuera» ("Correspondencia", el segundo de Los Siete Principios de Hermes Trismegisto) y en su olvido, cree que un Dios externo tiene sus propias razones particulares para hacer las cosas, y que tales razones están más allá de la comprensión humana; o cree que la gente está sufriendo a causa de errores pasados que han sido olvidados por la mente consciente; o que el ciego azar desempeña el papel de Dios.

Un día, las personas se darán cuenta de que su propio Yo Soy es el Dios que han estado buscando a lo largo de los siglos, y que su propio sentido de conciencia —su conciencia de ser— es la única realidad.

Lo que más le cuesta comprender al individuo es esto: Que el "Yo Soy" en sí mismo es Dios. Es su verdadero ser, o estado Padre, el único estado del que puede estar seguro. El Hijo, su concepto de sí mismo, es una ilusión. Él siempre sabe que *es*, pero aquello que es, es una ilusión creada por él mismo (el Padre) en un intento por autodefinirse.

Este descubrimiento revela que todo lo que he creído que Dios es, Yo Soy.

"Yo soy la resurrección y la vida" (Juan 11:25), esta es una afirmación relativa a mi conciencia, ya que mi conciencia resucita o hace visiblemente vivo lo que yo soy consciente de ser.

"Yo soy la puerta... Todos los que vinieron antes de mí son ladrones y salteadores" (Juan 10:7-8).

Esto me muestra que mi conciencia es la única entrada al mundo de la expresión, que asumir la conciencia de ser o poseer aquello que deseo ser o poseer es la única manera en que puedo serlo o poseerlo; que cualquier intento por expresar este estado deseado por otros medios que no sean asumiendo la conciencia de serlo o poseerlo, es ser despojado de la alegría de la expresión y la posesión.

"Yo Soy el principio y el fin"
(Revelaciones 1: 8; Revelaciones 22:13)

Esto revela mi conciencia como la causa del nacimiento y la muerte de toda expresión.

"Yo Soy me ha enviado" (Éxodo 3: 14).

Revela que mi conciencia es el Señor que me envía al mundo a imagen y semejanza de aquello que soy consciente de ser para vivir en un mundo compuesto por todo lo que soy consciente de ser.

"Yo soy el Señor, y no hay ningún otro; fuera de mí no hay Dios" (Isaías 45: 5).

Declara que mi conciencia es el único Señor y que fuera de mi conciencia no hay Dios.

"Quédense quietos y sepan que yo soy Dios"
(Salmo 46:10)

Significa que debo aquietar la mente y saber que esa conciencia es Dios.

"No tomarás el nombre del Señor tu Dios en vano" (Éxodo 20:7).
"Yo Soy el Señor, ese es mi Nombre" (Isaías 42:8).

Ahora que has descubierto que tu Yo Soy, que tu conciencia es Dios, no afirmes como verdad de ti mismo nada que no afirmarías como verdad de Dios, porque al definirte a ti mismo, estás definiendo a Dios. Aquello que eres consciente de ser, es aquello con lo que has nombrado a Dios.

Dios y el ser humano son uno. Tú y tu Padre son uno. Tu conciencia incondicionada, o Yo Soy, y aquello que eres consciente de ser, son Uno.

El que concibe y la concepción son uno. Si el concepto que tienes de ti mismo es inferior a lo que afirmas que es verdad de Dios, has robado a Dios el Padre, (véase Filipenses 2:6), porque tú (el Hijo o concepción) das testimonio del Padre o el que concibe. No tomes en vano el mágico nombre de Dios, Yo Soy, porque no serás considerado sin culpa; debes expresar todo lo que afirmas ser.

Nombra a Dios definiéndote conscientemente como tu más alto ideal.

CAPÍTULO 2

EL NOMBRE DE DIOS

No se puede afirmar con demasiada frecuencia que la conciencia es la única realidad, porque esta es la verdad que libera a la humanidad.

Este es el fundamento sobre el que descansa toda la estructura de la literatura bíblica. Los relatos de la Biblia son todos revelaciones místicas escritas en un simbolismo oriental que revela al intuitivo el secreto de la creación y la fórmula de escape. La Biblia es el intento del individuo por expresar con palabras la causa y la manera de la creación. Él descubrió que su conciencia era la causa o el creador de su mundo, entonces procedió a contar la historia de la creación en una serie de relatos simbólicos que hoy conocemos como la Biblia.

Para entender este grandioso libro, se requiere un poco de inteligencia y mucha intuición —inteligencia suficiente para poder leer el libro, e intuición suficiente para interpretar y comprender lo que se lee.

Te preguntarás por qué la Biblia fue escrita de forma simbólica. ¿Por qué no se escribió en un estilo claro y sencillo para que todos los que la leyeran pudieran entenderla? A estas preguntas respondo que todas las personas hablan simbólicamente a esa parte del mundo que difiere de la suya.

El lenguaje de occidente es claro para nosotros los occidentales, pero es simbólico para los orientales; y viceversa. Un ejemplo de esto lo encontramos en esta instrucción del oriental: "Si tu mano te hace pecar, córtala" (Marcos 9: 43). Él habla de la mano, no como la mano del cuerpo, sino como cualquier forma de expresión, y con ello te advierte que te apartes de esa expresión en tu mundo que te resulta agraviante. Al mismo tiempo, la persona de Occidente podría engañar involuntariamente a la de Oriente diciendo: "Este banco está en las rocas". Pues la expresión "en las rocas" para el occidental equivale a la quiebra, mientras que una roca para un oriental es símbolo de fe y seguridad.

> "Por tanto, cualquiera que oye estas palabras mías y las pone en práctica, será semejante a un hombre sabio que edificó su casa sobre roca; y cayó la lluvia, vinieron los torrentes, soplaron los vientos y azotaron aquella casa; pero no se cayó, porque había sido fundada sobre roca" (Mateo 7: 24-25).

Para entender realmente el mensaje de la Biblia debes tener en cuenta que fue escrita por la mente oriental y, por lo tanto, no puede ser tomada literalmente por los occidentales. Biológicamente, no existe diferencia entre oriente y occidente. El amor y el odio son iguales; el hambre y la sed son iguales; la aspiración y el deseo son iguales; pero la técnica de expresión es enormemente diferente.

Si quieres desvelar el secreto de la Biblia, lo primero que debes descubrir es el significado del nombre simbólico del creador, conocido por todos como Jehová. Esta palabra "Jehová" está compuesta por las cuatro letras hebreas —Yod He Vau He. Todo el secreto de la creación está escondido en este nombre.

La primera letra, Yod, representa el estado absoluto o conciencia incondicionada; el sentido de conciencia indefinida; esa inclusividad total de la que procede toda creación o estado de conciencia condicionado.

En la terminología actual, Yod es: Yo Soy, o conciencia incondicionada.

La segunda letra, He, representa al único Hijo engendrado, un deseo, un estado imaginado. Simboliza una idea; un estado subjetivo definido o una imagen mental clarificada.

La tercera letra, Vau, simboliza el acto de unificar o juntar al que concibe (Yod), la conciencia que desea, con la concepción (He), el estado deseado, para que el concebidor y la concepción se conviertan en uno.

Fijar un estado mental, definirte conscientemente como el estado deseado, impresionar en ti mismo el hecho de que ahora eres aquello que has imaginado o concebido como tu objetivo, es la función de Vau. Clava o une la conciencia que desea con la cosa deseada. El proceso de cementar o unir es logrado subjetivamente al sentir la realidad de aquello que todavía no ha sido materializado.

La cuarta letra, He, representa la materialización de este acuerdo subjetivo. El Yod He Vau, hace a la persona o al mundo manifestado (HE), a imagen y semejanza de sí mismo, el estado subjetivo consciente. Por lo tanto, la función de la He final es la de atestiguar objetivamente el estado subjetivo: Yod He Vau.

La conciencia condicionada continuamente está manifestándose en la pantalla del espacio. El mundo es la imagen y semejanza del estado consciente subjetivo que lo creó.

El mundo visible no puede hacer nada por sí mismo; solo da testimonio de su creador, el estado subjetivo. Es el Hijo visible (He) dando testimonio de su Padre, Hijo y Madre invisibles —Yod He Vau— una Santa Trinidad que solo puede ser vista cuando se hace visible como persona o manifestación.

Tu conciencia incondicionada (Yod) es tu Yo Soy que visualiza o imagina un estado deseado (He), y luego se hace consciente de ser ese estado imaginado al sentir y creer ser el estado imaginado. La unión consciente entre tú, quien desea, y aquello que deseas ser, se hace posible a través del Vau, o tu capacidad de sentir y creer.

Creer es simplemente vivir en el sentimiento de realmente ser el estado imaginado —asumiendo la conciencia de ser el estado deseado. El estado subjetivo, simbolizado como Yod He Vau, se materializa entonces como He, completando así el misterio del nombre del creador y su naturaleza, Yod He Vau He (Jehová).

Yod, es ser consciente; He, es ser consciente de algo; Vau, es ser consciente como, o ser consciente de ser aquello de lo que solo eras consciente. El segundo He es tu mundo visible, materializado, que está hecho a imagen y semejanza del Yod He Vau, o aquello de lo que eres consciente de ser.

"Y dijo Dios: Hagamos al hombre a nuestra imagen, conforme a nuestra semejanza" (Génesis 1: 26).

Hagamos, Yod He Vau, la manifestación objetiva, (He), a nuestra imagen, la imagen del estado subjetivo.

El mundo es la semejanza objetiva del estado consciente subjetivo en el que habita la conciencia.

Esta comprensión de que la conciencia es la única realidad es el fundamento de la Biblia.

Las historias de la Biblia son intentos por revelar los secretos de la creación en lenguaje simbólico, además de mostrar al individuo la única fórmula para escapar de todas sus propias creaciones.

Este es el verdadero significado del nombre de Jehová, el nombre por el que "están hechas todas las cosas, y sin el cual nada de lo que ha sido hecho fue hecho" (Juan 1: 3).

Primero, eres consciente. Luego te haces consciente de algo. Después, te haces consciente de ser aquello de lo que eras consciente. Entonces, contemplas objetivamente aquello que eres consciente de ser.

CAPÍTULO 3

LA LEY DE LA CREACIÓN

Tomemos una de las historias de la Biblia y veamos cómo los profetas y escritores de la antigüedad revelaron la historia de la creación mediante este extraño simbolismo oriental.

Todos conocemos la historia del Arca de Noé; que Noé fue elegido para crear un nuevo mundo después de que el mundo fuera destruido por el diluvio.

La Biblia nos cuenta que Noé tenía tres hijos: Sem, Cam y Jafet (Génesis 6: 10).

El primer hijo se llama Sem, que significa nombre. Cam, el segundo hijo, significa cálido, vivo. El tercer hijo se llama Jafet, que significa extensión. Observarás que Noé y sus tres hijos, Sem, Cam y Jafet, contienen la misma fórmula de la creación que contiene el nombre divino de Yod He Vau He.

Noé, el Padre, el que concibe, el constructor de un nuevo mundo, equivale al Yod, o conciencia incondicionada, Yo Soy. Tu deseo es Sem, aquello de lo que eres consciente, aquello que nombras y defines como tu objetivo, y equivale a la segunda letra en el nombre divino (He). Cam es el estado cálido y vivo del sentimiento, el cual une o junta la conciencia que desea y la cosa deseada y, por lo tanto, equivale a la tercera letra en el nombre Divino, el Vau. El último hijo, Jafet, significa extensión, es el estado extendido o materializado dando testimonio del estado subjetivo, y equivale a la última letra del nombre divino, HE.

Tú eres Noé, el conocedor, el creador. Lo primero que engendras es una idea, un impulso, un deseo, la palabra, o tu primer hijo, Sem (nombre).

Tu segundo hijo, Cam (cálido, vivo) es el secreto del sentimiento mediante el cual te unes subjetivamente a tu deseo para que tú, la conciencia que desea, seas consciente de ser o poseer la cosa deseada.

Tu tercer hijo, Jafet, es la confirmación, la prueba visible de que conoces el secreto de la creación. Él es el estado extendido o materializado, dando testimonio del estado invisible o subjetivo en el que habitas.

En la historia de Noé se registra que Cam vio los secretos de su Padre (Génesis 9: 22) y, a causa de dicho descubrimiento, fue obligado a servir a sus hermanos, Sem y Jafet (Génesis 9: 25). Cam, o el sentimiento, es el secreto del Padre, tu Yo Soy, porque a través del sentimiento la conciencia que desea se une a la cosa deseada.

La unión consciente o el matrimonio místico solo es posible a través del sentimiento. Es el sentimiento el que realiza esta unión celestial del Padre y el Hijo, Noé y

Sem, la conciencia incondicionada y la conciencia condicionada.

Al realizar este servicio, el sentimiento automáticamente sirve a Jafet, el estado extendido o expresado, pues no puede haber expresión objetiva si no hay primero una impresión subjetiva.

Sentir la presencia de la cosa deseada, reconocer subjetivamente un estado, impresionando en ti un estado consciente definido a través del sentimiento, es el secreto de la creación.

Tu presente mundo materializado es Jafet, el cual se hizo visible por Cam. Por lo tanto, Cam sirve a sus hermanos, Sem y Jafet, pues sin el sentimiento simbolizado en Cam, la idea o cosa deseada (Sem) no podría hacerse visible como Jafet.

La capacidad de sentir lo invisible, la capacidad de reconocer y hacer realidad un estado subjetivo definido a través del sentimiento, es el secreto de la creación, el secreto por el cual la palabra o el deseo invisible se hace visible, "se hace carne" (Juan 1: 14).

"Y Dios llama a las cosas que no son, como si fueran" (Romanos 4: 17).

La conciencia llama a las cosas que no se ven como si se vieran, y lo hace primero definiéndose como aquello que desea expresar, y segundo permaneciendo dentro del estado definido hasta que lo invisible se hace visible.

Aquí está el perfecto funcionamiento de la ley según la historia de Noé. En este mismo momento eres consciente de ser. Esta conciencia de ser, este saber que eres, es Noé, el creador.

Ahora, con la identidad de Noé establecida como tu propia conciencia de ser, nombra algo que te gustaría poseer o expresar; define algún objetivo (Sem), y con tu deseo claramente definido, cierra los ojos y siente que ya lo tienes o que ya lo estás expresando.

No te preguntes cómo se puede conseguir; simplemente siente que ya lo tienes. Asume la actitud mental que tendrías si ya estuvieras en posesión de aquello, para que sientas que ya está hecho. Sentir es el secreto de la creación.

Sé tan sabio como Cam y haz este descubrimiento para que tú también tengas la alegría de servir a tus hermanos Sem y Jafet; la alegría de hacer carne la palabra o el nombre.

CAPÍTULO 4

EL SECRETO DE SENTIR

El secreto de sentir o la llamada de lo invisible a los estados visibles está bellamente relatado en la historia de Isaac bendiciendo a su segundo hijo, Jacob, por la creencia, basada únicamente en el sentir, de que estaba bendiciendo a su primer hijo Esaú (Génesis 27: 1-35).

Está registrado que Isaac, que era viejo y ciego, sintió que estaba a punto de dejar este mundo y deseando bendecir a su primer hijo Esaú antes de morir, envió a Esaú a cazar un venado con la promesa de que a su regreso de la cacería recibiría la bendición de su padre.

Ahora bien, Jacob, que deseaba la primogenitura o el derecho de nacimiento, por medio de la bendición de su padre, escuchó la petición de venado de su padre ciego y su promesa a Esaú. Así que, mientras Esaú iba a cazar el venado, Jacob mató y preparó un cabrito del rebaño de su padre.

Colocando las pieles sobre su cuerpo lampiño, para dar la sensación de su peludo y áspero hermano Esaú, llevó el cabrito sabrosamente preparado a su padre ciego Isaac.

Entonces, Isaac, que dependía únicamente de su sentido del tacto, confundió a su segundo hijo, Jacob, con su primer hijo, Esaú, y pronunció su bendición sobre Jacob. Esaú, al regresar de la cacería, se enteró de que su hermano Jacob, de piel suave, lo había suplantado, así que apeló a su padre para que se le hiciera justicia; pero Isaac le respondió y dijo:

"Tu hermano vino con engaño y se ha llevado tu bendición" (Génesis 27: 35).

"He aquí, yo lo he puesto por señor tuyo y le he dado por siervos a todos sus parientes".
(Génesis 27: 37).

La simple decencia humana nos debería decir que esta historia no puede ser tomada literalmente. En alguna parte de este acto traicionero y despreciable de Jacob debe haber un mensaje oculto. El mensaje oculto, la fórmula del éxito escondida en esta historia, fue intuitivamente revelada al escritor de esta manera. Isaac, el padre ciego, es tu conciencia, tu conciencia de ser. Esaú, el hijo peludo, es tu presente mundo objetivo, lo áspero o sensorialmente sentido: el momento presente; el entorno presente; tu concepción actual de ti mismo; en definitiva, el mundo que conoces en razón de tus sentidos objetivos. Jacob, el joven de piel suave, el segundo hijo, es tu deseo o estado subjetivo, una idea aún no encarnada, un estado subjetivo que se percibe y se siente, pero que no se conoce ni se ve objetivamente; un punto en el tiempo y en el espacio removido del presente. En resumen, Jacob es tu objetivo definido. Jacob, el joven de piel suave, o estado subjetivo buscando la encarnación o el derecho de nacimiento, cuando es sentido o bendecido adecuadamente por su padre (cuando es sentido y fijado conscientemente como real) se materializa; y al hacerlo suplanta al peludo y áspero Esaú, o al anterior estado materializado. Dos cosas no pueden ocupar un mismo lugar al mismo tiempo, así que cuando lo invisible se hace visible, el estado anteriormente visible se desvanece.

Tu conciencia es la causa de tu mundo. El estado de conciencia en el que habitas determina el tipo de mundo en el que vives. Tu presente concepto de ti mismo está ahora materializado como tu entorno, y este estado es simbolizado como Esaú, el peludo, el sensorialmente sentido; el primer hijo. Aquello que deseas ser o poseer es simbolizado como tu segundo hijo, Jacob, el joven de piel suave que aún no se ve, pero que es subjetivamente sentido y palpado, y que, si se toca adecuadamente, suplantará a su hermano Esaú, o a tu mundo actual.

Hay que tener siempre presente el hecho de que Isaac, el padre de estos dos hijos, o estados, es ciego. No ve a su hijo Jacob, de piel lisa, solo lo siente. A través del sentido del tacto, cree realmente que Jacob, lo subjetivo, es Esaú, lo real, lo materializado.

No ves tu deseo objetivamente; simplemente lo percibes (lo sientes) subjetivamente. No andas a tientas en el espacio en busca de un estado deseado. Al igual que Isaac, te quedas quieto y mandas a tu primer hijo a cazar retirando tu atención de tu mundo objetivo. Luego, en ausencia de tu primer hijo, Esaú, invitas al estado deseado, tu segundo hijo, Jacob, a acercarse para que puedas sentirlo.

"Te ruego que te acerques para tocarte, hijo mío" (Génesis 27: 21).

Primero, eres consciente de él en tu entorno inmediato; luego lo acercas cada vez más hasta que lo percibes y lo sientes en tu presencia inmediata, de modo que es real y natural para ti.

"Si dos de ustedes se ponen de acuerdo sobre cualquier cosa que pidan aquí en la tierra, les será hecho por mi Padre que está en los cielos" (Mateo 18: 19).

Los dos se ponen de acuerdo a través del sentido del tacto, y el acuerdo se establece en la tierra —se hace objetivo; se hace real.

Los dos que se ponen de acuerdo son Isaac y Jacob — tú y lo que deseas— y el acuerdo se establece únicamente basándose en el sentir.

Esaú simboliza tu mundo presente objetivo, ya sea agradable o no.

Jacob simboliza todos y cada uno de los deseos de tu corazón.

Isaac simboliza tu verdadero ser —con los ojos cerrados al mundo presente— en el acto de sentir y percibir que eres o posees lo que deseas ser o poseer.

El secreto de Isaac —el estado de sentir y percibir— es simplemente el acto de separar mentalmente lo sensorialmente sentido (tu estado físico actual) de lo que no es sensorialmente sentido (aquello que te gustaría ser).

Con los sentidos objetivos firmemente cerrados, Isaac lo hizo; y tú puedes hacer que lo que no es sensorialmente sentido (el estado subjetivo) parezca real o sensorialmente conocido, pues la fe es conocimiento.

Pero no basta con conocer la ley de la autoexpresión, la ley por la que lo invisible se hace visible. Es necesario aplicarla; y este es el método de aplicación:

Primero: Envía de caza a tu primer hijo, Esaú —tu actual mundo objetivo o problema. Esto se logra simplemente cerrando los ojos y apartando tu atención de las limitaciones objetivas. Al alejar tus sentidos de tu mundo objetivo, este se desvanece de tu conciencia o sale de caza.

Segundo: Con tus ojos aún cerrados y tu atención retirada del mundo que te rodea, fija conscientemente el momento y el lugar natural para la realización de tu deseo.

Con tus sentidos objetivos cerrados a tu entorno actual puedes percibir y sentir la realidad de cualquier punto en el tiempo o en el espacio, ya que ambos son psicológicos y pueden ser creados a voluntad. Es de vital importancia que la condición natural de tiempo-espacio de Jacob, es decir, el tiempo y el lugar natural para la realización de tu deseo, se fijen primero en tu conciencia.

Si el domingo es el día en que debe realizarse la cosa deseada, entonces el domingo debe fijarse ahora en la conciencia. Simplemente, comienza a sentir que es domingo hasta que la tranquilidad y la naturalidad del domingo se establezcan conscientemente.

Tenemos asociaciones definidas con los días, las semanas, los meses y las estaciones del año. Muchas veces has dicho: "Hoy parece domingo, o lunes, o sábado; o esto parece primavera, o verano, u otoño, o invierno". Esto debería convencerte de que tienes impresiones definidas y conscientes que asocias con los días, las semanas y las estaciones del año. Entonces, debido a estas asociaciones, puedes seleccionar cualquier tiempo deseable y, recordando la impresión consciente asociada con dicho tiempo, puedes hacer ahora una realidad subjetiva de ese tiempo.

Haz lo mismo con el espacio. Si la habitación en la que está sentado no es la habitación en la que se colocaría o realizaría naturalmente la cosa deseada, siente que estás sentado en la habitación o lugar donde sería natural. Fija conscientemente esta impresión de tiempo y espacio antes de comenzar el acto de percibir y sentir la cercanía, la realidad y la posesión de la cosa deseada. No importa si el lugar deseado está a quince mil kilómetros de distancia o tan solo en la puerta de al lado, debes fijar en la conciencia el hecho de que justo donde estás sentado es el lugar deseado.

Tú no haces un viaje mental; tú colapsas el espacio. Siéntate tranquilamente donde estás y haz que el "allí" sea el "aquí". Cierra los ojos y siente que el mismo lugar donde estás es el lugar deseado; siente y percibe la realidad de ello hasta que te impresiones conscientemente de este hecho, pues tu conocimiento de este hecho se basa únicamente en tu percepción subjetiva.

Tercero: En ausencia de Esaú (el problema) y con el tiempo-espacio natural ya establecido, invitas a Jacob (la solución) para que venga y llene este espacio —para que venga y suplante a su hermano.

En tu imaginación mira la cosa deseada. Si no puedes visualizarla, percibe su aspecto general; contémplala. Luego, acércala mentalmente. "Acércate, hijo mío, para que pueda tocarte". Siente su cercanía; siente que está en tu presencia inmediata; siente su realidad y solidez; siéntela y obsérvala naturalmente ubicada en la habitación en la que estás sentado, siente la emoción de la realización real y la alegría de la posesión.

Ahora, abre los ojos. Esto te devuelve al mundo objetivo —el mundo áspero o sensorialmente sentido. Tu hijo peludo, Esaú, ha regresado de la cacería y con su presencia te dice que has sido traicionado por tu hijo de piel lisa Jacob —el subjetivo, psicológicamente sentido.

Pero, al igual que Isaac, cuya confianza se basaba en el conocimiento de esta ley inmutable, tú también dirás: "Lo he puesto por señor tuyo y le he dado por siervos a todos sus parientes".

Es decir, aunque tus problemas parezcan fijos y reales, has sentido que el estado subjetivo, psicológico, es real hasta el punto de recibir la emoción de esa realidad; has experimentado el secreto de la creación porque has sentido la realidad de lo subjetivo. Has fijado un estado psicológico definido que, a pesar de toda oposición o precedente, se exteriorizará, satisfaciendo así el nombre de Jacob —el suplantador.

A continuación, algunos ejemplos prácticos de este drama.

Primero: La bendición o la realización de una cosa.

Siéntate en tu sala de estar y nombra algún mueble, alfombra o lámpara que te gustaría tener en esa habitación en particular. Observa esa zona de la habitación donde la colocarías si la tuvieras. Cierra los ojos y deja que se desvanezca todo lo que ahora ocupa esa zona de la habitación. En tu imaginación observa esta zona como un espacio vacío, no hay absolutamente nada allí. Ahora comienza a llenar este espacio con el mueble deseado; siente y percibe que lo tienes en esta misma zona, imagina que estás viendo aquello que deseas ver. Continúa en esta conciencia hasta que sientas la emoción de su posesión.

Segundo: La bendición o hacer realidad un lugar.

Ahora estás sentado en tu departamento en la ciudad de Nueva York, contemplando la alegría que sería tuya si estuvieras en un crucero navegando a través del gran Atlántico.

> "Y si me voy y les preparo un lugar, vendré otra vez y los tomaré adonde Yo voy; para que donde Yo esté, allí estén ustedes también"
> (Juan 14: 3).

Tus ojos están cerrados; has abandonado conscientemente el departamento de Nueva York y en su lugar sientes y percibes que estás en un crucero trasatlántico. Estás sentado en una reposera; no hay nada alrededor tuyo, más que el vasto Atlántico. Fija la realidad de este barco y del océano para que, en este estado, puedas recordar mentalmente el día en que estabas sentado en tu departamento de Nueva York soñando con este día en el mar. Recuerda la imagen mental de ti mismo sentado allí en Nueva York soñando con este día. En tu imaginación mira la imagen del recuerdo de ti mismo allí en tu departamento de Nueva York. Si consigues mirar hacia atrás en tu apartamento de Nueva York sin volver allí conscientemente, entonces has preparado con éxito la realidad de este viaje.

Permanece en este estado consciente, sintiendo la realidad del barco y del océano, siente la alegría de este logro; luego abre los ojos.

Has ido y preparado el lugar; has fijado un estado psicológico definido y donde estás en la conciencia, allí también estarás en el cuerpo.

Tercero: La bendición o hacer realidad un punto en el tiempo.

Dejas ir conscientemente este día, mes o año, según sea el caso, y te imaginas que ahora es ese día, mes o año que deseas experimentar. Percibes y sientes la realidad del tiempo deseado, imprimiendo en ti mismo el hecho de que ya se ha cumplido. A medida que percibes la naturalidad de este tiempo, comienzas a sentir la emoción de haber realizado plenamente aquello que antes de comenzar este viaje psicológico en el tiempo deseabas experimentar en este momento.

Con el conocimiento de tu poder para bendecir, puedes abrir las puertas de cualquier prisión —la prisión de la enfermedad o de la pobreza o de una existencia monótona.

"El Espíritu del Señor Dios está sobre mí, porque me ha ungido el Señor para traer buenas nuevas a los afligidos; me ha enviado para vendar a los quebrantados de corazón, para proclamar libertad a los cautivos y liberación a los prisioneros" (Isaías 61: 1; Lucas 4: 18).

CAPÍTULO 5

EL SABBAT

"Durante seis días se trabajará, pero el séptimo día
será día de reposo, consagrado al Señor"
(Éxodo 31: 15; Levítico 23: 3).

Estos seis días no son períodos de tiempo de
veinticuatro horas. Simbolizan el momento psicológico en
que se fija un estado subjetivo definido. Estos seis días de
trabajo son experiencias subjetivas, y, en consecuencia,
no pueden medirse por el tiempo sideral, porque el
verdadero trabajo de fijar un estado psicológico definido
se realiza en la conciencia. La medida de estos seis días es
el tiempo dedicado a definirte conscientemente como lo
que deseas ser.

Un cambio de conciencia es el trabajo realizado en
estos seis días creativos; un ajuste psicológico, que no se
mide por el tiempo sideral, sino por la realización real
(subjetiva). Al igual que una vida en retrospectiva no se

mide por los años, sino por el contenido de esos años, así también se mide este intervalo psicológico, no por el tiempo empleado en hacer el ajuste, sino por el logro de ese intervalo.

El verdadero significado de estos seis días de trabajo (creación) es revelado en el misterio de Vau, que es la sexta letra en el alfabeto hebreo, y la tercera letra en el nombre divino —Yod He Vau He.

Como se explicó anteriormente en el misterio del nombre de Jehová, VAU significa clavar o unir. El creador se une a su creación a través del sentimiento, y el tiempo que te lleva fijar un sentimiento definido es la verdadera medida de estos seis días de creación.

Separarse mentalmente del mundo objetivo y unirse mediante el secreto del sentimiento al estado subjetivo es la función de la sexta letra del alfabeto hebreo, VAU, o los seis días de trabajo. Siempre hay un intervalo entre la impresión fijada, o estado subjetivo, y la expresión externa de ese estado. Este intervalo se denomina Sabbat.

El Sabbat, o día de reposo, es el descanso mental que sigue al estado psicológico fijado; es el resultado de sus seis días de trabajo.

"El día de reposo se hizo para el hombre, y no el hombre para el día de reposo"
(Marcos 2: 27).

Este descanso mental que sigue a una impregnación consciente exitosa es el período de embarazo mental; un período que está hecho con el propósito de incubar la manifestación. Fue hecho para la manifestación, no la manifestación para él.

Automáticamente, mantendrás el Sabbat como un día de descanso, un período de descanso mental, si logras cumplir con tus seis días de trabajo. No puede haber día de reposo, ni séptimo día, ni período de descanso mental, hasta que los seis días hayan terminado, hasta que el ajuste psicológico se haya realizado y la impresión mental esté completamente efectuada.

Se advierte que si no se guarda el Sabbat, si no se entra en el descanso de Dios, no se recibirá la promesa, no se realizarán los deseos. La razón de esto es simple y obvia. No puede haber descanso mental mientras no se produzca una impresión consciente. Si una persona no logra grabar en su mente el hecho de que ahora tiene lo que antes deseaba poseer, seguirá deseándolo y, por lo tanto, no estará mentalmente en reposo o satisfecha.

Por el contrario, si logra hacer este ajuste consciente, de modo que al salir del período de silencio o de sus seis días subjetivos de trabajo, sabe por su sentimiento que tiene la cosa deseada, entonces entra automáticamente en el Sabbat o en el período de reposo mental.

El embarazo sigue a la impregnación. El individuo no continúa deseando aquello que ya ha obtenido. El Sabbat puede ser guardado como un día de reposo solo después de que consiga ser consciente de ser lo que antes de entrar en el silencio deseaba ser. El día de reposo es el resultado de los seis días de trabajo.

Quien conoce el verdadero significado de estos seis días de trabajo se da cuenta de que la observancia de un día de la semana como día de quietud física no es guardar el Sabbat. La paz y la quietud del día de reposo solo pueden experimentarse cuando la persona ha logrado ser consciente de ser lo que desea ser. Si no logra esta impresión consciente, ha errado el blanco; ha pecado, porque pecar es errar el blanco, no alcanzar nuestro objetivo; un estado en el que no hay paz mental.

"Si yo no hubiera venido y no les hubiera hablado, no tendrían pecado" (Juan 15: 22).

Si al individuo no se le hubiera presentado un estado ideal hacia el que aspirar, un estado que desear y alcanzar, se habría dado por satisfecho con su suerte en la vida y no habría conocido el pecado. Ahora que sabe que sus capacidades son infinitas, que sabe que trabajando seis días o haciendo un ajuste psicológico puede realizar sus deseos, no se dará por satisfecho hasta que consiga su objetivo.

Con el verdadero conocimiento de estos seis días de trabajo, definirá su objetivo y comenzará a ser consciente de serlo. Cuando se produce esta impresión consciente, le sigue automáticamente un período de descanso mental, un período que el místico llama el Sabbat, un intervalo en el que la impresión consciente se gestará y se expresará físicamente. La palabra se hará carne. Pero eso no es el final.

El Sabbat o reposo, que será interrumpido por la encarnación de la idea, tarde o temprano, dará lugar a otros seis días de trabajo cuando el individuo defina otro objetivo y comience de nuevo el acto de definirse como aquello que desea ser.

A través del deseo, la persona ha sido despertada de su sueño y no puede encontrar descanso hasta que no realice su deseo.

Pero antes de que pueda entrar en el reposo de Dios, o guardar el Sabbat, antes de que pueda caminar sin miedo y en paz, debe convertirse en un buen tirador espiritual y aprender el secreto de dar en el blanco o trabajar seis días, el secreto por el cual deja ir el estado objetivo y se ajusta al subjetivo.

Este secreto fue revelado en el nombre Divino, Jehová, y asimismo en la historia de Isaac, bendiciendo a su hijo Jacob. Si aplicas la fórmula tal y como se revela en estos dramas bíblicos, acertarás siempre en el blanco espiritual, pues sabrás que solo se entra en el reposo mental o el Sabbat cuando consigues hacer un ajuste psicológico.

La historia de la crucifixión dramatiza hermosamente estos seis días (período psicológico) y el séptimo día de descanso.

Se registra que era costumbre de los judíos liberar a alguien de la cárcel en la fiesta de la Pascua; y que se les dio la opción de liberar a Barrabás el ladrón, o a Jesús el salvador. Y ellos gritaron:

"¡Suelta a Barrabás!" (Juan 18: 40).

Entonces Barrabás fue liberado y Jesús fue crucificado.

Asimismo, se registra que Jesús el Salvador fue crucificado en el sexto día, enterrado o sepultado en el séptimo, y resucitado en el primer día.

En tu caso, el salvador es aquello que te salvaría de lo que no eres consciente de ser, mientras que Barrabás, el ladrón, es tu actual concepción de ti mismo que te roba lo que te gustaría ser.

Al definir a tu salvador defines aquello que te salvaría, pero no cómo serías salvado. Tu salvador, o deseo, tiene maneras que tú no conoces; sus maneras van más allá de nuestro entendimiento.

Cada problema revela su propia solución. Si estuvieras en prisión, automáticamente desearías ser libre. Por lo tanto, la libertad es lo que te salvaría. Es tu salvador.

Habiendo descubierto a tu salvador, el siguiente paso en este gran drama de la resurrección es liberar a Barrabás, el ladrón —tu actual concepto de ti mismo— y crucificar a tu salvador, o fijar la conciencia de ser o tener aquello que te salvaría.

Barrabás representa tu problema actual. Tu salvador es aquello que te liberaría de ese problema. Liberas a Barrabás alejando tu atención de tu problema, de tu sentido de limitación, porque te roba la libertad que buscas. Y crucificas a tu salvador fijando un estado psicológico definido, mediante el sentimiento de que estás libre de la limitación del pasado.

Niegas la evidencia de los sentidos y comienzas a sentir subjetivamente la alegría de ser libre. Sientes que este estado de libertad es tan real que tú también gritas: "¡Soy libre!"

31

"Todo está cumplido" (Juan 19:30)

La fijación de este estado subjetivo —la crucifixión— tiene lugar el sexto día. Este día, antes de que se ponga el sol, debes haber completado la fijación al sentir: "Así es"— "Todo está cumplido".

El conocimiento subjetivo es seguido por el Sabbat o el reposo mental. Estarás como alguien enterrado o sepultado porque sabrás que por muy montañosas que sean las barreras, por muy infranqueables que parezcan los muros, tu salvador crucificado y enterrado (tu fijación subjetiva actual) resucitará.

Manteniendo el Sabbat como un período de descanso mental, asumiendo la actitud mental que sería tuya si ya expresaras visiblemente esta libertad, recibirás la promesa del Señor, pues la Palabra se hará carne —la fijación subjetiva se encarnará.

"Y Dios reposó en el séptimo día de todas sus obras" (Hebreos 4: 4).

Tu conciencia es Dios reposando en el conocimiento de que "Está bien"—"Está terminado". Y tus sentidos objetivos confirmarán que es así porque el día lo revelará.

CAPÍTULO 6

SANACIÓN

La fórmula para la cura de la lepra, revelada en el capítulo decimocuarto del libro de Levítico, es de lo más iluminadora cuando se ve a través de los ojos de un místico. Esta fórmula puede ser prescrita como la efectiva cura de cualquier enfermedad, ya sea física, mental, financiera, social, moral, lo que sea.

No importa la naturaleza de la enfermedad ni su duración, pues la fórmula puede aplicarse con éxito a todas y cada una de ellas.

Aquí está la fórmula tal como se registra en el libro del Levítico:

"El sacerdote mandará tomar dos avecillas vivas y limpias… Después el sacerdote mandará degollar una de las avecillas… En cuanto a la avecilla viva, la tomará y la mojará en la sangre del ave muerta… Después rociará siete veces al que ha de ser purificado de la lepra, lo declarará limpio, y soltará al ave viva en campo abierto… Y quedará limpio"

(Levítico 14: 4 -8).

Una aplicación literal de esta historia sería estúpida e infructuosa, en cambio, una aplicación psicológica de la fórmula es sabia y fructífera.

Un ave es el símbolo de una idea. Cada persona que tiene un problema o que desea expresar algo distinto de lo que está expresando ahora, puede decirse que tiene dos avecillas. Estas dos avecillas o concepciones pueden definirse de la siguiente manera: la primera avecilla es el actual concepto que tienes de ti mismo, exteriorizado; es la descripción que darías si te pidieran que te describieras a ti mismo —tu condición física, tus ingresos, tus obligaciones, tu nacionalidad, tu familia, tu raza, etc. Tu respuesta sincera a estas preguntas estaría basada únicamente en la evidencia de tus sentidos, y no en ningún deseo. Este verdadero concepto de ti mismo (basado enteramente en las evidencias de tus sentidos) define la primera avecilla.

La segunda avecilla se define por la respuesta que desearías dar a estas preguntas de autodefinición. En resumen, estas dos aves pueden definirse como lo que eres consciente de ser y lo que deseas ser.

Otra definición de las dos aves sería: la primera, tu problema actual, independientemente de su naturaleza, y la segunda, la solución a ese problema. Por ejemplo, si estuvieras enfermo, la solución sería tener buena salud. Si estuvieras endeudado, la solución sería liberarte de las deudas. Si tuvieras hambre, la solución sería la comida. Como habrás notado, no se considera el cómo, la forma de realizar la solución. Solo se consideran el problema y la solución.

Cada problema revela su propia solución. Para la enfermedad es la salud; para la pobreza es la riqueza; para la debilidad es la fuerza, para el confinamiento es la libertad.

Por lo tanto, estos dos estados, tu problema y su solución, son las dos aves que llevas al sacerdote. Tú eres el sacerdote que ahora efectúa el drama de la curación de la lepra: tú y tu problema. Tú eres el sacerdote, y con la fórmula para la cura de la lepra, ahora te liberas de tu problema.

Primero: Toma una de las avecillas (tu problema) y mátala extrayendo su sangre. La sangre es la conciencia del individuo.

> "Y de una sangre ha hecho todo el linaje de los hombres, para que habitaran sobre toda la faz de la tierra" (Hechos 17: 26).

Tu conciencia es la única realidad que anima y hace real aquello que eres consciente de ser. Así que apartar tu atención del problema equivale a extraer la sangre del ave. Tu conciencia es la única sangre que hace que todos los estados sean realidades vivas. Al retirar tu atención de cualquier estado dado, has drenado la sangre vital de ese estado. Matas o eliminas la primera avecilla, (tu problema) quitando tu atención de él. En esta sangre (tu conciencia) mojas la avecilla viva (la solución), o aquello que hasta ahora deseabas ser o poseer. Esto lo haces liberándote para ser ahora el estado deseado.

La inmersión de la avecilla viva en la sangre del ave muerta es similar a la bendición de Jacob dada por su padre ciego, Isaac. Como recordarás, Isaac era ciego y no podía ver su mundo objetivo, su hijo Esaú. Tú también estás ciego a tu problema —la primera avecilla— porque has quitado tu atención de él y, por lo tanto, no lo ves. Tu atención (la sangre) está ahora puesta en la segunda ave (estado subjetivo), y sientes y percibes su realidad.

Se te dice que rocíes siete veces al que va a ser limpiado. Esto significa que debes permanecer dentro del nuevo concepto de ti mismo hasta que mentalmente entres en el séptimo día (el día de reposo); hasta que la mente se aquiete o se fije en la creencia de que realmente estás expresando o poseyendo aquello que deseas ser o poseer. Tras la séptima rociada, se te instruye que sueltes a la avecilla viva y declares que el hombre está limpio.

Cuando impresionas plenamente en ti mismo el hecho de que eres lo que deseas ser, te has rociado simbólicamente siete veces; entonces eres tan libre como el ave que se suelta. Y al igual que el ave en vuelo, que debe regresar a la tierra en poco tiempo, así tus impresiones subjetivas o afirmación deben encarnarse en tu mundo en poco tiempo.

Esta historia, y todas las otras historias de la Biblia, son obras psicológicas dramatizadas dentro de la conciencia del individuo.

Tú eres el sumo sacerdote, tú eres el leproso y tú eres esas aves.

Tu conciencia, o Yo Soy, es el sumo sacerdote; tú, la persona con el problema, eres el leproso. El problema, tu presente concepto de ti mismo, es la avecilla que es sacrificada; la solución del problema, lo que deseas ser, es la avecilla viva que es liberada.

Tú recreas este gran drama dentro de ti mismo, apartando tu atención de tu problema y poniéndola en aquello que deseas expresar. Impresionas en ti mismo el hecho de que eres lo que deseas ser hasta que tu mente se aquieta en la creencia de que es así.

Vivir en esta actitud mental fija, vivir en la conciencia de que ahora eres lo que antes deseabas ser, es el ave en vuelo, libre de las limitaciones del pasado y moviéndose hacia la encarnación de tu deseo.

CAPÍTULO 7

DESEO, LA PALABRA DE DIOS

"Así será mi palabra que sale de mi boca; no volverá a mí vacía sin haber realizado lo que deseo, y logrado el propósito para el cual la envié" (Isaías 55: 11).

Dios te habla a través de tus deseos básicos. Tus deseos básicos son palabras de promesa o profecías que contienen en sí mismas el plan y el poder de expresión.

Por deseos básicos me refiero a tu verdadero objetivo. Los deseos secundarios se refieren a la forma de realización. A través de tus deseos básicos, Dios, tu Yo Soy, te habla a ti, el estado consciente, condicionado. Los deseos secundarios o formas de expresión son los secretos de tu Yo Soy, el Padre omnisciente. Tu Padre, Yo Soy, revela el primero y el último.

"Yo soy el principio y el fin"
(Apocalipsis 1: 8; Apocalipsis 22: 13).

Pero él nunca revela el medio o el secreto de sus maneras; es decir, el primero se revela como la palabra, tu deseo básico. El último es su cumplimiento, la palabra hecha carne. El segundo o medio (el plan de despliegue) nunca es revelado al individuo, sino que permanece para siempre como secreto del Padre.

"Yo testifico a todos los que oyen las palabras de la profecía de este libro: si alguien añade a ellas, Dios traerá sobre él las plagas que están escritas en este libro. Y si alguien quita de las palabras del libro de esta profecía, Dios quitará su parte del árbol de la vida y de la ciudad santa descritos en este libro"
(Apocalipsis 22: 18- 19).

Las palabras de la profecía mencionadas en el libro de Apocalipsis, son tus deseos básicos que no deben ser condicionados. El individuo está constantemente añadiendo y quitando a estas palabras. Al no saber que el deseo básico contiene el plan y el poder de expresión, él siempre está comprometiendo y complicando su deseo. Aquí hay una ilustración de lo que hace a la palabra de la profecía —sus deseos.

La persona desea liberarse de su limitación o problema. Lo primero que hace después de definir su objetivo es condicionarlo a otra cosa. Comienza a especular sobre la manera de conseguirlo. Sin saber que la cosa deseada tiene su propia forma de expresión, empieza a planear cómo va a conseguirla, añadiendo así a la palabra de Dios.

Por otro lado, si no tiene ningún plan o concepción en cuanto a la realización de su deseo, entonces compromete su deseo modificándolo. Piensa que si se conforma con menos que su deseo básico, entonces tendrá más posibilidades de realizarlo. Al hacerlo, se aleja de la palabra de Dios. Tanto los individuos como las naciones violan constantemente esta ley de su deseo básico al conspirar y planear la realización de sus ambiciones; de este modo añaden a la palabra de la profecía, o comprometen sus ideales, quitando así de la palabra de Dios. El resultado inevitable es la muerte y las plagas o el fracaso y la frustración que se promete para tales transgresiones.

Dios habla a las personas solo por medio de sus deseos básicos. Tus deseos están determinados por tu concepción de ti mismo. Por sí mismos no son ni buenos ni malos.

"Yo sé, y estoy convencido en el Señor Jesús, de que nada es inmundo en sí mismo; pero para el que estima que algo es inmundo, para él lo es" (Romanos 14: 14).

Tus deseos son el resultado natural y automático de tu actual concepto de ti mismo.

Dios, tu conciencia incondicionada, es impersonal y no hace acepción de personas.

A través de tus deseos básicos, tu conciencia incondicionada, Dios, le da a tu conciencia condicionada, el individuo, lo que tu estado condicionado (tu actual concepto de ti mismo) cree que necesita.

Mientras permanezcas en tu actual estado de conciencia, seguirás deseando lo que ahora deseas. Cambia tu concepto de ti mismo y automáticamente cambiarás la naturaleza de tus deseos.

Los deseos son estados de conciencia buscando encarnación. Son formados por la conciencia del individuo y pueden ser expresados fácilmente por quien los ha concebido.

Los deseos se expresan cuando la persona que los ha concebido asume la actitud mental que le correspondería si los estados deseados ya estuvieran expresados. Ahora bien, dado que los deseos, independientemente de su naturaleza, pueden expresarse fácilmente mediante actitudes mentales fijas, hay que dar una palabra de advertencia a aquellos que aún no han reconocido la unidad de la vida, y que no conocen la verdad fundamental de que la conciencia es Dios, la única realidad.

Esta advertencia fue entregada en la famosa regla de oro:

"Así que, todo lo que quieran que la gente haga con ustedes, eso mismo hagan ustedes con ellos"
(Mateo 7: 12).

Puedes desear algo para ti o para otro. Si tu deseo se refiere a otro, asegúrate de que lo que deseas es aceptable para ese otro. La razón de esta advertencia es que tu conciencia es Dios, el dador de todos los regalos. Por lo tanto, lo que sientes y crees que es verdad de otro es un regalo que le has dado. Si el regalo no es aceptado, volverá a quien lo da.

Entonces, asegúrate de que te gustaría poseer el regalo, porque si fijas una creencia dentro de ti como verdadera de otro y él no acepta este estado como verdadero de sí mismo, este regalo no aceptado se encarnará dentro de tu mundo.

Siempre escucha y acepta como verdadero de los demás lo que desearías para ti. Al hacerlo, estás construyendo el cielo en la tierra. "Todo lo que quieran que la gente haga con ustedes, eso mismo hagan ustedes con ellos", está basado en esta ley.

Solo acepta como verdad de otros aquellos estados que con gusto aceptarías como verdad de ti mismo, para poder crear constantemente el cielo en la tierra. Tu cielo se define por el estado de conciencia en el que vives, el cual se compone de todo lo que aceptas como verdadero de ti mismo y verdadero de los demás.

Tu entorno inmediato está definido por tu propio concepto de ti mismo, más tus convicciones respecto a los demás que no han sido aceptadas por ellos. Tu concepto de otro, el cual no es su concepto de sí mismo, es un regalo que vuelve a ti. Las sugerencias, al igual que la propaganda, son bumeranes a menos que sean aceptadas por aquellos a quienes se envían. Así que tu mundo es un regalo que te has dado a ti mismo.

La naturaleza de este regalo está determinada por tu concepto de ti mismo más los regalos no aceptados que ofreciste a los demás. No te equivoques en esto: la ley no hace acepción de personas.

Descubre la ley de la autoexpresión y vive por ella; entonces serás libre. Con esta comprensión de la ley, define tu deseo, debes saber exactamente lo que quieres; y asegúrate de que es deseable y aceptable.

La persona sabia y disciplinada no ve ninguna barrera para la realización de su deseo; no ve nada que destruir. Con una actitud mental fija, reconoce que la cosa deseada ya está plenamente expresada, pues sabe que un estado subjetivo fijo tiene formas y medios de expresarse que nadie conoce.

"Antes de que clamen, yo les responderé"
(Isaías 65: 24)

"Yo tengo maneras que tú no conoces". "Mis caminos son inescrutables".

Por el contrario, la persona indisciplinada ve constantemente la oposición al cumplimiento de su deseo y, a causa de la frustración, forma deseos de destrucción que cree firmemente que deben expresarse antes de que su deseo básico pueda realizarse. Cuando el individuo descubra esta ley de la única conciencia, comprenderá la gran sabiduría de la regla de oro, por lo que vivirá según ella y se demostrará a sí mismo que el reino de los cielos está en la tierra.

Te darás cuenta de por qué debes "hacer a los demás lo que quieres que te hagan a ti". Sabrás por qué debes vivir según esta regla de oro, ya que descubrirás que hacerlo es simplemente sentido común, porque la regla se basa en la ley inmutable de la vida y no hace acepción de personas.

La conciencia es la única realidad. El mundo y todo lo que hay en él son estados de conciencia materializados. Tu mundo está definido por tu concepto de ti mismo, más tus conceptos de otros, que no son los conceptos que tienen de sí mismos.

La historia de la Pascua es para ayudarte a dar la espalda a las limitaciones del presente y pasar a un estado mejor y más libre.

La sugerencia de "seguir al hombre que lleva un cántaro de agua" (Marcos 14: 13; Lucas 22: 10), fue dada a los discípulos para guiarlos hacia la última cena o la fiesta de la Pascua. El hombre con el cántaro de agua es el undécimo discípulo, Simón de Canaán, la cualidad disciplinada de la mente que solo escucha estados dignos, nobles y amables.

La mente que está disciplinada para escuchar solo lo bueno se deleita con los buenos estados y así encarna el bien en la tierra.

Si tú también quieres asistir a la última cena —la gran fiesta de la Pascua— sigue a este hombre. Asume esta actitud mental simbolizada como el "hombre con el cántaro de agua" y vivirás en un mundo que es realmente el cielo en la tierra.

La fiesta de la Pascua es el secreto del cambio de conciencia. Apartas tu atención de tu actual concepto de ti mismo y asumes la conciencia de ser aquello que quieres ser, pasando así de un estado a otro.

Esta hazaña se realiza con la ayuda de los doce discípulos, que son las doce cualidades disciplinadas de la mente. (Ver el libro "Tu fe es tu fortuna", capítulo 18).

CAPÍTULO 8

FE

"Y Jesús les dijo: Por la poca fe de ustedes; porque en verdad les digo que si tienen fe como un grano de mostaza, dirán a este monte: 'Pásate de aquí allá', y se pasará; y nada les será imposible" (Mateo 17: 20).

Esta fe como un grano de mostaza ha resultado ser una piedra de tropiezo para las personas. Se les ha enseñado a creer que un grano de mostaza significa un pequeño grado de fe. Así que naturalmente se preguntan por qué ellos, siendo personas maduras, carecen de esta insignificante medida de fe cuando una cantidad tan pequeña asegura el éxito. Según se nos dice:

"La fe es la certeza de lo que se espera, la convicción de lo que no se ve" (Hebreos 11: 1).

"Por la fe… el universo fue preparado por la palabra de Dios, de modo que lo que se ve no fue hecho de cosas visibles"(Hebreos 11: 3).

Las cosas invisibles se hicieron visibles. El grano de mostaza no es la medida de una pequeña cantidad de fe. Al contrario, es lo absoluto en la fe.

Un grano de mostaza es consciente de ser un grano de mostaza y solo un grano de mostaza. No es consciente de ninguna otra semilla en el mundo. Está sellada en la convicción de que es una semilla de mostaza, de la misma manera que el espermatozoide sellado en el vientre es consciente de ser persona y solamente persona.

Un grano de mostaza es realmente la medida de la fe necesaria para lograr todos tus objetivos; pero al igual que el grano de mostaza, tú también debes perderte en la conciencia de ser solo la cosa deseada. Permaneces dentro de este estado sellado hasta que irrumpe y revela tu demanda consciente.

La fe es sentir o vivir en la conciencia de ser la cosa deseada; la fe es el secreto de la creación, el Vau en el nombre Divino: Yod He Vau He; la fe es el Cam en la familia de Noé; la fe es el sentido del tacto por el cual Isaac bendijo e hizo realidad a su hijo Jacob. Por la fe Dios —tu conciencia— llama a las cosas que no se ven como si se vieran y las hace visibles.

Es la fe la que te permite ser consciente de ser la cosa deseada; asimismo, es la fe la que te sella en este estado consciente hasta que tu demanda invisible madura y se expresa, se hace visible. La fe o el sentimiento es el secreto de esta apropiación. A través del sentimiento, la conciencia que desea se une a la cosa deseada. ¿Cómo te sentirías si fueras aquello que deseas ser?

Lleva el estado de ánimo, este sentimiento que sería tuyo si ya fueras lo que deseas ser; y en poco tiempo estarás sellado en la creencia de que lo eres. Entonces, sin esfuerzo, este estado invisible se manifestará; lo invisible se hará visible.

Si tuvieras la fe de un grano de mostaza, mediante la sustancia mágica del sentimiento, hoy mismo te sellarías en la conciencia de ser lo que deseas ser. Permanecerías en esta quietud mental o estado de tumba, confiado en que no necesitas a nadie para remover la piedra; porque todas las montañas, las piedras y los habitantes de la tierra "son como nada delante de ti".

Lo que ahora reconoces como verdad de ti mismo (tu actual estado de conciencia) actuará conforme a su naturaleza entre todos los habitantes de la tierra, y "nadie podrá detener su mano ni decirle, ¿Qué has hecho?" (Daniel 4: 35). Nadie puede impedir la encarnación de este estado consciente en el que estás sellado, ni cuestionar su derecho a ser.

Cuando este estado consciente está debidamente sellado por la fe, es una Palabra de Dios, Yo Soy, porque el individuo así establecido está diciendo: "Yo soy así y así", y la Palabra de Dios (mi estado consciente fijo) es espíritu y no puede volver a mí vacía, sino que debe cumplir aquello para lo que ha sido enviada. La palabra de Dios (tu estado consciente) debe encarnarse para que puedas saber:

"Yo soy el Señor, y no hay ningún otro; fuera de mí no hay Dios" (Isaías 45: 5).

"Y el verbo se hizo carne, y habitó entre nosotros" (Juan 1: 14)

"Él envió su palabra y los sanó" (Salmos 107: 20).

Tú también puedes enviar tu palabra, la Palabra de Dios, y sanar a un amigo. ¿Hay algo que te gustaría escuchar de un amigo? Define ese algo que sabes que le gustaría ser o poseer. Ahora, con tu deseo bien definido, tienes una Palabra de Dios. Para enviar esta Palabra en su camino, para que esta Palabra se haga realidad, simplemente debes hacer lo siguiente:

Siéntate tranquilamente donde estás y asume la actitud mental de escuchar; recuerda la voz de tu amigo. Con esta voz familiar establecida en tu conciencia, imagina que realmente estás escuchando su voz y que te está diciendo que es o tiene lo que tú querías que fuera o tuviera. Impresiona en tu conciencia el hecho de que realmente le has escuchado y que te ha dicho lo que querías oír; siente la emoción de haberlo escuchado. Luego suéltalo por completo.

Este es el secreto del místico para enviar las palabras a la expresión, para hacer que la palabra se haga carne. Formas dentro de ti la palabra, lo que quieres oír; luego lo escuchas, y te lo dices a ti mismo.

"Habla, Señor, que tu siervo escucha"
(1 Samuel 3: 9,10).

Tu conciencia es el Señor hablando a través de la voz familiar de un amigo e imprimiendo en ti lo que deseas escuchar. Esta autoimpregnación, el estado impresionado en ti mismo, la Palabra, siempre tiene formas y medios de expresarse que nadie conoce. Cuando consigas producir esa impresión, no te importarán las apariencias, porque esa autoimpresión está sellada como un grano de mostaza y, a su debido tiempo, madurará hasta alcanzar su plena expresión.

CAPÍTULO 9

LA ANUNCIACIÓN

El uso de la voz de un amigo para impregnarse con el estado deseado está bellamente relatado en la historia de la Inmaculada Concepción.

Está registrado que Dios envió un ángel a María para anunciarle el nacimiento de su hijo.

> "Y el ángel le dijo... Concebirás en tu seno y darás a luz un Hijo... Entonces María dijo al ángel: «¿Cómo será esto?, porque no conozco varón». Y el ángel le respondió: «El Espíritu Santo vendrá sobre ti, y el poder del Altísimo te cubrirá con su sombra; por eso el niño que nacerá será llamado Hijo de Dios... Porque ninguna cosa es imposible para Dios»" (Lucas 1: 30-37).

Esta es la historia que se ha contado durante siglos en todo el mundo, pero no se dijo que era sobre uno mismo, por lo que no se ha recibido el beneficio que se pretendía dar.

La historia revela el método por el cual la idea o la Palabra se hizo carne. Se nos dice que Dios germinó o engendró una idea, un hijo, sin la ayuda de otro. Luego colocó su idea germinal en el vientre de María con la ayuda de un ángel, quien le hizo el anuncio y la impregnó con la idea. Nunca se registró un método más simple de impregnación de la conciencia que el que se encuentra en la historia de la Inmaculada Concepción.

Los cuatro personajes en este drama de la creación son: el Padre, el Hijo, María y el Ángel. El Padre simboliza tu conciencia; el Hijo simboliza tu deseo; María simboliza tu actitud mental receptiva y el Ángel simboliza el método utilizado para realizar la impregnación.

El drama se desarrolla de esta manera. El Padre engendra un Hijo sin la ayuda de otro. Tú defines tu objetivo, clarificas tu deseo sin la ayuda o sugerencia de otro.

Luego, el Padre selecciona al ángel que está mejor calificado para llevar este mensaje o posibilidad germinal a María. Tú seleccionas a la persona en tu mundo que estaría sinceramente emocionada de presenciar el cumplimiento de tu deseo.

Entonces, a través del ángel, María se entera de que ya ha concebido un Hijo sin la ayuda del hombre. Tú asumes una actitud mental receptiva, una actitud de escucha, e imagina que oyes la voz de quien has elegido para que te diga lo que deseas saber. Imagina que le oyes decir que eres y tienes lo que deseas ser y tener. Permanece en este estado receptivo hasta que sientas la emoción de haber escuchado la buena y maravillosa noticia.

Entonces, como María en la historia, sigues con tus asuntos en secreto sin decirle a nadie de esta magnífica e inmaculada autoimpregnación, confiando en que a su debido tiempo expresarás esta impresión.

El Padre genera la semilla o posibilidad germinal de un Hijo, pero en una impregnación artificial; no transmite el espermatozoide desde sí mismo hasta el vientre. Lo hace pasar por otro medio.

La conciencia que desea es el Padre que genera la semilla o la idea. Un deseo clarificado es la semilla perfectamente formada, o el Hijo unigénito. Luego, esta semilla es llevada del Padre (conciencia que desea) a la Madre (conciencia de ser y tener el estado deseado).

Este cambio de conciencia se realiza mediante el ángel o la voz imaginaria de un amigo que te dice que ya has conseguido tu objetivo.

El uso de un ángel o de la voz de un amigo para hacer una impresión consciente es la forma más corta, segura y confiable de autoimpregnarse.

Con tu deseo bien definido, asume una actitud de escucha. Imagina que estás escuchando la voz de un amigo; entonces haz que te diga (imagina que te lo está diciendo) lo afortunado que eres por haber realizado plenamente tu deseo.

En esta actitud mental receptiva estás recibiendo el mensaje de un ángel; estás recibiendo la impresión de que eres y tienes aquello que deseas ser y tener. La emoción de haber escuchado lo que deseas escuchar es el momento de la concepción. Es el momento en que te autoimpregnas, el momento en que realmente sientes que ahora eres o tienes aquello que hasta ahora solo deseabas ser o poseer.

Cuando salgas de esta experiencia subjetiva, tú, como María en la historia, sabrás por tu cambio de actitud mental que has concebido un Hijo; que has fijado un estado subjetivo definido y que dentro de poco expresarás o materializarás este estado.

Este libro ha sido escrito para mostrarte cómo lograr tus objetivos. Aplica el principio aquí expresado y ni todos los habitantes de la tierra podrán impedir que realices tus deseos.

~ANEXO~

LIBERTAD:
Conferencia de Neville Goddard

LIBERTAD

28 octubre 1968

Cuando se le preguntó: "¿Cuál es el mayor de todos los mandamientos?" Dios respondió:

"Escucha, oh Israel, el Señor es nuestro Dios, el Señor uno es".

Acepta este mandamiento. Vive de acuerdo con él y serás libre de todas las causas secundarias. Solo hay un Dios. Es el padre de todos nosotros que está por encima de todo, a través de todo y en todo. Él es una individualidad difundida universalmente cuyo nombre por siempre y para siempre es Yo Soy. Es posible que no seas consciente de quién eres, de qué eres o de dónde estás; pero al ser consciente, mentalmente estás diciendo "yo soy". Todo ser consciente dice Yo Soy, pero si solo hay un Yo Soy, entonces Yo Soy un individuo difundido. Yo soy la única causa de todo lo que es. Todas las cosas fueron hechas a través de la imaginación, y sin la conciencia nada de lo que ha sido hecho fue hecho.

En el capítulo octavo de Mateo se registra uno de los milagros de las Escrituras como una parábola actuada. Se dice que cuando entró en la barca, se quedó dormido y se levantó una gran tormenta; entonces sus discípulos lo despertaron diciendo:

"«¡Señor, sálvanos, que perecemos!» Y él contestó: «¿Por qué tienen miedo, hombres de poca fe?» Entonces Jesús se levantó, reprendió a los vientos y al mar, y sobrevino una gran calma".

Si solo hay una causa, entonces el que calmó el viento y el mar es el que causó la tormenta. No puede haber otro. Si hay confusión en tu vida y la resuelves en tu imaginación, y el mundo da testimonio de lo que has hecho, entonces tú causaste el cambio. Y como no hay otra causa, entonces ¿no causaste tú también la confusión? Solo hay un Dios y Padre de todos nosotros, que está por encima de todo, a través de todos y en todos. Si él está en cada ser que dice Yo Soy, y solo hay un Dios, nadie puede acusar a otro, porque el nombre de Dios no es "él es", sino Yo soy. No importa lo que aparezca en el exterior, yo soy su causa. Asume plena responsabilidad por las cosas que observas, y si no te gusta lo que ves, debes saber que tienes el poder de cambiarlas. Entonces ejerce ese poder y observarás el cambio que has causado. Si realmente estás dispuesto a asumir esa responsabilidad, serás libre.

Si esta individualidad difundida universal está en todos, entonces la encarnación debe ser considerada bajo una luz diferente. Nos enseñaron que la encarnación tuvo lugar hace dos mil años por un único individuo, que era el Dios encarnado. Pero yo te digo: la humanidad es la encarnación. La figura central, personificada como

Jesucristo, es la figura arquetípica perfecta que todos debemos expresar. Él es llamado el verdadero testigo, el primogénito de los muertos. Ahora, encarnado en tu cuerpo de carne y hueso, estás muerto en el sentido de que has olvidado que eres el creador de todas las cosas, y no te ves creando nada de lo que observas. El periódico de la mañana cuenta lo que ella, él y ellos están haciendo, y no puedes relacionar sus acciones con nada de lo que has hecho; sin embargo, solo hay una causa, un solo Dios, que reside en ti como tu conciencia, tu propia y maravillosa imaginación humana.

La parábola nos dice que Dios entró en una barca y se quedó dormido. La humanidad es esa barca, el arca donde Dios Padre crea mientras duerme. Aunque no conozcas a las personas sobre las que lees, si la lectura te perturba, tú eres la causa de ese conflicto. Todo es imaginación, estoy soñando, causando la desgracia y la infelicidad de aquellos cuyas vidas he tocado con sentimiento.

Cuando despiertas y recuerdas tu sueño, ¿siempre conoces a las personas que estaban allí? ¿Conoces a los niños que eran tuyos en el sueño? ¿Las personas que te asustaron? Nunca los habías visto, así que ¿cómo podrían ser otros aparte de los que tú provocaste? Tú no los reconoces, aun así, tú —el soñador— les hiciste hacer lo que hicieron. Lo mismo ocurre aquí. Si las acciones de un aparente otro provocan una respuesta motora en ti, aunque no lo conozcas, tu conciencia es la causa de la tormenta. Pero cuando despiertes, la memoria volverá y habrá una maravillosa calma.

Dios, la individualidad difundida universalmente, está dormido en todos. Su trascendente revelación se personifica en uno llamado Jesucristo. Esta personificación despierta en ti la memoria de quién es realmente Dios Padre. Dios no dividió el yo soy y dio a cada uno de nosotros una porción de sí mismo. Le dio a cada uno, individualmente, todo su ser. El Yo soy no puede ser dividido, y yo soy Dios el Padre. Si aún no has descubierto esto, todavía estás dormido.

Para descubrir tu paternidad, debes encontrar al hijo de Dios, anunciado como tuyo. Mientras duermes en el estado de Saúl, no lo reconoces; y le preguntas:

"¿De quién eres hijo, joven?" Y él te responde: "Yo Soy hijo de Isaí, el yo soy".

Cuando despiertas y reconoces al hijo de Dios, David, ¿no eres Isaí? ¿No eres Dios, cuyo nombre por los siglos de los siglos es Yo soy?

Es necesario que David te revele a ti mismo; sin embargo, eras su padre antes de quedarte dormido. Ahora, al soñar tu vida, luchas contra aparentes otros, llamándolos demonios y Satanás. Otorgas causalidad a tu mundo de sombras, convirtiéndote así en un ser dividido, cuando Dios no está dividido. No hay diablo. No existe Satanás. No hay ningún ser fuera de tu propia y maravillosa imaginación humana.

"Yo, Yo Soy el Señor. Yo hago morir y yo hago vivir. Yo hiero y yo sano; y no hay quien pueda librar de mi mano" (Deuteronomio 32:39).

"Yo soy el Señor, y no hay ningún otro. Yo
formo la luz y creo las tinieblas, hago la paz y
creo la adversidad. Yo, el Señor, hago todas
estas cosas" (Isaías 45: 5-7).

El que crea el mal, crea el bien; la paz y las
adversidades; la luz y las tinieblas. El que mata es el que
hace vivir, y el que hiere es el que sana, y no hay otro
Dios. Si realmente crees que tú eres aquel del que se
habla aquí —que eres tú quien crea el mal, el bien, la paz
y la adversidad; que nadie se puede librar de tu mano—
entonces eres libre. Nunca más pensarás que hay otro,
sino que sabrás que tu vida es creada por ti mismo. Que tú
creas las tormentas, así como la paz y la calma. Ya no
pensarás que él, ella o ellos lo hicieron, porque los
reconocerás como reflejos que reflejan la tormenta o la
paz y la calma dentro de ti.

Habiendo entrado en la barca (llamada el arca), Dios
se durmió y allí permanece hasta que la paloma le avisa
de que el diluvio de la ilusión ha terminado. Dramatizada
como una parábola actuada, se dice que Noé extendió su
mano y llevó a la paloma al arca con él. Esta es una
imagen hermosa y verdadera. En mi visión, la paloma
descendió a través de lo que parecía ser agua cristalina.
Parecía flotar, usando sus alas como un cisne. Iluminando
mi dedo extendido, me cubrió de besos mientras la visión
llegaba a su fin.

Porque cada uno es Dios completo, todos
personificarán el ejemplar arquetípico perfecto, llamado
Jesucristo. Perdidos en la confusión, sin saber que la
humanidad es la encarnación, las personas piensan que

este ejemplar arquetípico es el Dios encarnado. Sin embargo, el único gran mandamiento es:

"Escucha, oh Israel, el Señor es nuestro Dios, el Señor uno es".

La palabra Israel significa: aquel que gobierna, no como un Dios, sino como Dios, porque sabe que él es Dios. Y la palabra traducida "Señor" es Yo Soy. Ahora, déjame traducirlo para ti:

Escucha, oh humano que gobierna como Dios —el Yo Soy— nuestro yo soy, es un Yo Soy. No somos un montón de pequeños yo soy. Nuestro yo soy es el único Yo Soy, que es Dios el Padre.

Si esto es verdad, entonces Dios no puede ser dividido, y la totalidad de él está donde tú estés, donde yo esté. ¡No hay él, ella o ellos, en el Yo soy!.

Si aceptas esto por completo, te liberarás. Puede que no veas inmediatamente el efecto de lo que has hecho en tu imaginación; pero debe llegar, porque no hay otro creador que lo detenga. Todas las cosas se hacen a través de la conciencia, y sin ella nada de lo que ha sido hecho fue hecho. Es la imaginación la que afirma: "Yo hago morir y yo hago vivir. Yo hiero y yo sano. Yo formo la luz y creo las tinieblas, hago la paz y creo la adversidad. Yo hago todas estas cosas".

Cuando los jesuitas hablan de Satanás, diablos y demonios, es porque no conocen el mayor de los mandamientos. Todos los Diez Mandamientos se basan en la negativa "no harás", excepto uno, que es: "Amarás a tu padre y a tu madre". El mandamiento, que se encuentra en el capítulo sexto de Deuteronomio, contiene todos los Diez Mandamientos en una presentación completamente diferente como: "Escucha, oh Israel, el Señor es nuestro Dios, el Señor uno es".

Quizás ahora no puedas aceptar mis palabras. Tal vez sientas la necesidad de culpar a otro, de tener un chivo expiatorio y creer que la causa es algo que comiste o bebiste, pero ¿por qué lo hiciste? ¿Qué te llevó a hacer exactamente lo que hiciste? Una perturbación en ti. La tormenta en ti provocó que la glándula se desajustara. La glándula no puede ser la causa de tu angustia, pero tu sueño sí. El mundo, al no conocer la causa única, tratará de encontrar algo en el exterior; ¡pero no hay ninguna causa secundaria!

Esta semana recibí una carta de una señora que compartió este revelador sueño, diciendo:

"Estoy en un lugar totalmente desprovisto de comodidad. No hay cortinas en las ventanas ni alfombras en el suelo. Mis hijos, con overoles limpios, están sentados en sillas con respaldo recto contra una pared, mientras que mis hijas, con largos vestidos de algodón almidonado, están frente a ellos. Con un aspecto muy parecido al de los niños cuáqueros de aquí, mis hijos parecen carecer de emociones, de sentimientos y de capacidad creativa. Estamos esperando por el padre. Un joven entra con un mensaje que dice que el trabajo que había que hacer en los niños ha terminado y que, por lo tanto, el padre no va a regresar.

"Entonces la escena cambia y nos encontramos en una casa de campo. Miro por la ventana y veo campos de grano dorado maduro para la cosecha. Mi hijo mayor, ahora radiante de felicidad, entra corriendo en la casa exclamando que, por primera vez, ha creado para sí mismo. Su entrada fue como magia, transformando la habitación, ya que todos mis hijos empezaron a utilizar sus talentos, creando, riendo, animados y vivos. Antes, como autómatas, solo habían obedecido al padre ejecutando su voluntad; pero ahora que su obra está terminada, él se ha retirado, y ellos se han convertido en creadores por sí mismos".

Qué hermosa experiencia. Ella vio el mundo en miniatura. La retirada del padre se registra como su muerte. Él nos dice: "Si no muero no puedes vivir, pero si muero me levantaré de nuevo y tú conmigo. Un poco de tiempo y ya no me verás; de nuevo un poco de tiempo y me verás como a ti mismo". Habiéndote retirado para habitar en tu interior, es desde allí desde donde te mueves, y no desde fuera. Todo lo que yo —el padre— soy, sabrás que tú eres. Si Dios es el padre de toda vida, entonces tú eres el padre. Si él es un creador, tú eres un creador. Lo que sea que Dios es, sabrás que tú eres.

Ahora, Dios sale del desierto con señales y maravillas. La señal más destacada es la de la serpiente ardiente, pues todo el que la ve, vive. Al comenzar tu viaje fuera de Egipto, la serpiente ardiente se libera cuando la cortina se rasga de arriba abajo y todas las rocas se parten. Estás destinado a cumplir las escrituras y, como yo, saber por experiencia personal que eres Dios Padre.

He compartido mis visiones contigo, diciéndote lo verdadera y maravillosa que es la historia de las escrituras y que solo hay un camino de salvación. Aunque se han escrito innumerables volúmenes dándote muchos caminos de redención, solo hay uno. Yo soy el camino, y no hay otro.

Mateo cuenta la historia de su despertar en forma dramática. Afirmando que ellos despertaron diciendo: "Señor, sálvanos, que perecemos". Es el viento sobrenatural el que te despierta y tú eres su causa. Despertando dentro de tu barca (tu arca), la dejas atrás cuando entras en un mundo completamente diferente como Dios el Padre. Habiéndote impuesto a propósito la restricción de la muerte, sabiendo que tenías el poder y la sabiduría para vencerla, te acostaste y te dormiste en el arca. Y cuando se cumple el tiempo, despiertas dentro de esa arca, sales y eres testigo del simbolismo de tu nacimiento desde arriba. Unos meses después, cumples el Salmo ochenta y nueve, cuando encuentras a David y tu memoria regresa.

En el Libro de Samuel, Saúl (el rey atormentado) hizo una promesa de que liberaría al padre a cualquiera que derribara al gigante que se oponía a Israel. Esto se hace descubriendo al padre del hijo. Entonces, Saúl le pide a David que identifique a su padre, y David dice: dice: "Yo soy el hijo de Isaí, el Yo Soy". Así que el padre es liberado cuando David derriba al gigante que, en tu sueño de muerte, se opone a ti, y tu memoria vuelve a saber quién eres realmente.

Aunque yo respondo a un nombre terrenal y firmo mis cheques con él, yo sé quién soy. Puedo decirte quién soy yo con la esperanza de que me creas; pero en verdad, solo me dirijo a mí mismo, porque yo estoy en ti, y tú estás en mí, y somos uno. Todos tendrán la misma experiencia y al final todos regresaremos al único cuerpo, al único Espíritu, al único Señor y al único Dios y Padre. Todos regresaremos de la marcha victoriosa a través de la muerte como el mismo Dios, pero expandidos más allá de nuestros sueños más increíbles debido a esta excursión de la mente en un mundo de muerte que parecía tan definitivo.

No puedo prometer que, si aceptas esto al cien por ciento, mañana no tendrás dolor de cabeza o que tu jefe no te despedirá. Pero si lo aceptas, sabrás que tu jefe no tuvo elección en el asunto. Sabrás que tú has provocado el despido. Tal vez tus sueños trascendieron tu actual posición limitada en ese negocio, y solo siendo despedido podrían realizarse.

Un día me despidieron de J. C. Penney Co. Trabajando durante un año y medio, manejando su ascensor y siendo su chico de los recados, ganando veintidós dólares a la semana y pagando cinco dólares por el alquiler de una habitación, no podía entender que me despidieran. Pero mis sueños, mis deseos, trascendían mi posición allí, así que tuvieron que hacer lo que hicieron para que mis deseos se hicieran realidad. Créeme, tú eres la causa de los fenómenos de tu vida, sean buenos, malos o indiferentes. Si para ti las noticias son desagradables, tú eres el soñador de esa desagradable tormenta. Pero llegará el día en que te despertarás para descubrir que la tormenta ha terminado. Que solo hay una causa, y es la conciencia.

Sé que es más fácil dar consejos y mostrar a la otra persona en qué se equivoca, que reconocer que solo está reflejando lo que está mal en ti. Es difícil aceptar el concepto de que el mundo está dando testimonio de tus pensamientos, pero es cierto. Si no te gusta algo o alguien, no lo mires a él o a ellos; mira en tu interior a quien está causando la imagen.

Solo hay un Dios, una causa de toda la vida. Él no solo está por encima de todo y a través de todo, él está en todo. La individualidad difundida universalmente está en cada uno de nosotros, en su plenitud. Habitando en cada individuo corporalmente, el padre duerme hasta que pasa la tormenta. Entonces se despierta y reprende la tormenta que creó durante su sueño, y hay una gran calma. Si aceptas esto como tu filosofía de vida, y no te vuelves hacia la izquierda o la derecha, sino que afirmas que eres el único responsable de los fenómenos de tu vida, te resultará mucho más fácil vivir. Pero si, a veces, la vida te parece demasiado dura de soportar, y encuentras una causa secundaria, has creado un demonio. Los demonios y los satanes se forman a partir de la renuencia del individuo a asumir la responsabilidad de su vida. Ver a otro que no sea uno mismo es construir una imagen dorada. Pedir perdón a un sacerdote; llamarlo padre a pesar de que se ha dicho que no hay que llamar padre a ningún hombre en la tierra; al verlo como una autoridad, el individuo se entrega a una falsa imagen hecha por el ser humano.

Entonces, ¿qué valor tiene la libertad para ti? Si no vale mucho, realmente no quieres la libertad. Si estuvieras esclavizado, ¿qué no darías voluntariamente, en su totalidad, para ser liberado? ¿Crees realmente que solo hay un Dios, que está en ti en su totalidad, y su nombre es Yo soy? Sí, aunque hayas olvidado quién eres, dónde estás, o que tienes un hijo; un día el viento te despertará durante una tormenta, y al salir del arca la tormenta se calmará. Entonces volverá la memoria, cuando aquel que siempre ha sido tu hijo se ponga delante de ti y te llame padre, cuando la escritura se despliegue en tu interior; y entonces sabrás que la historia eterna siempre estuvo ahí. Era un libro sellado hasta que se desplegó desde dentro.

Deja que el mundo permanezca en la tormenta si quiere, pero si aceptas mis palabras serás liberado de cualquier causa secundaria, y tú que has estado causando tu tormenta encontrarás la paz y serás verdaderamente libre.

Ahora,
Entremos en el Silencio.

www.ingramcontent.com/pod-product-compliance
Lightning Source LLC
Chambersburg PA
CBHW031607040426
42452CB00006B/439